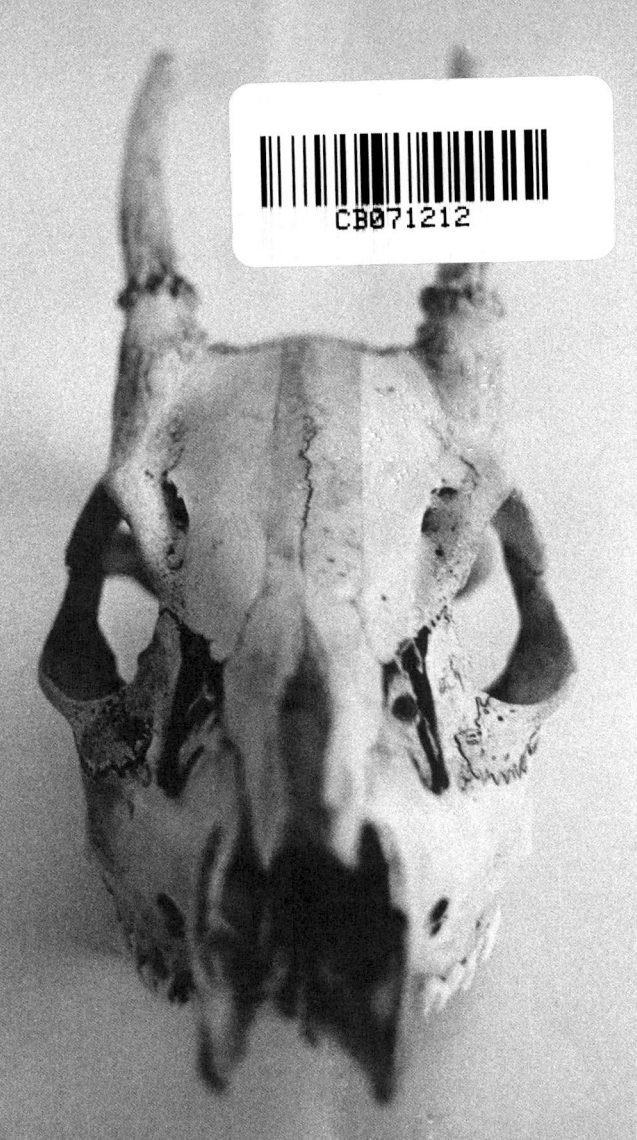

Copyright © 2012, Editora WMF Martins Fontes Ltda.,
São Paulo, para a presente edição.

1.ª edição 2012

Tradução do inglês
Marcelo Brandão Cipolla
Acompanhamento editorial
Luzia Aparecida dos Santos
Revisões gráficas
Ana Maria de O. M. Barbosa
Renato da Rocha Carlos
Edição de arte
Casa Rex
Produção gráfica
Geraldo Alves
Paginação
Casa Rex
Capa
Casa Rex

Dados Internacionais de Catalogação na Publicação (CIP)
(Câmara Brasileira do Livro, SP, Brasil)

Luciano, de Samósata, séc. II
 O parasita / de Samósata Luciano. – São Paulo : Editora WMF
Martins Fontes, 2012. – (Coleção ideias vivas)

 ISBN 978-85-7827-561-7

 1. Luciano, de Samósata, séc. II – Crítica e interpretação 2. Sátira
grega I. Título. II. Série.

12-03132   CDD-887.01

Índices para catálogo sistemático:
1. Sátira : Literatura grega antiga   887.01

Todos os direitos desta edição reservados à
Editora WMF Martins Fontes Ltda.
Rua Prof. Laerte Ramos de Carvalho, 133 01325-030 São Paulo SP Brasil
Tel. (11) 3293.8150 Fax (11) 3101.1042
e-mail: info@wmfmartinsfontes.com.br http://www.wmfmartinsfontes.com.br

LUCIANO O parasita

fotos **Dayan Oliveira**
tradução Marcelo Brandão Cipolla

coleção idealizada e coordenada por **Gustavo Piqueira**

wmf martinsfontes
são paulo 2012

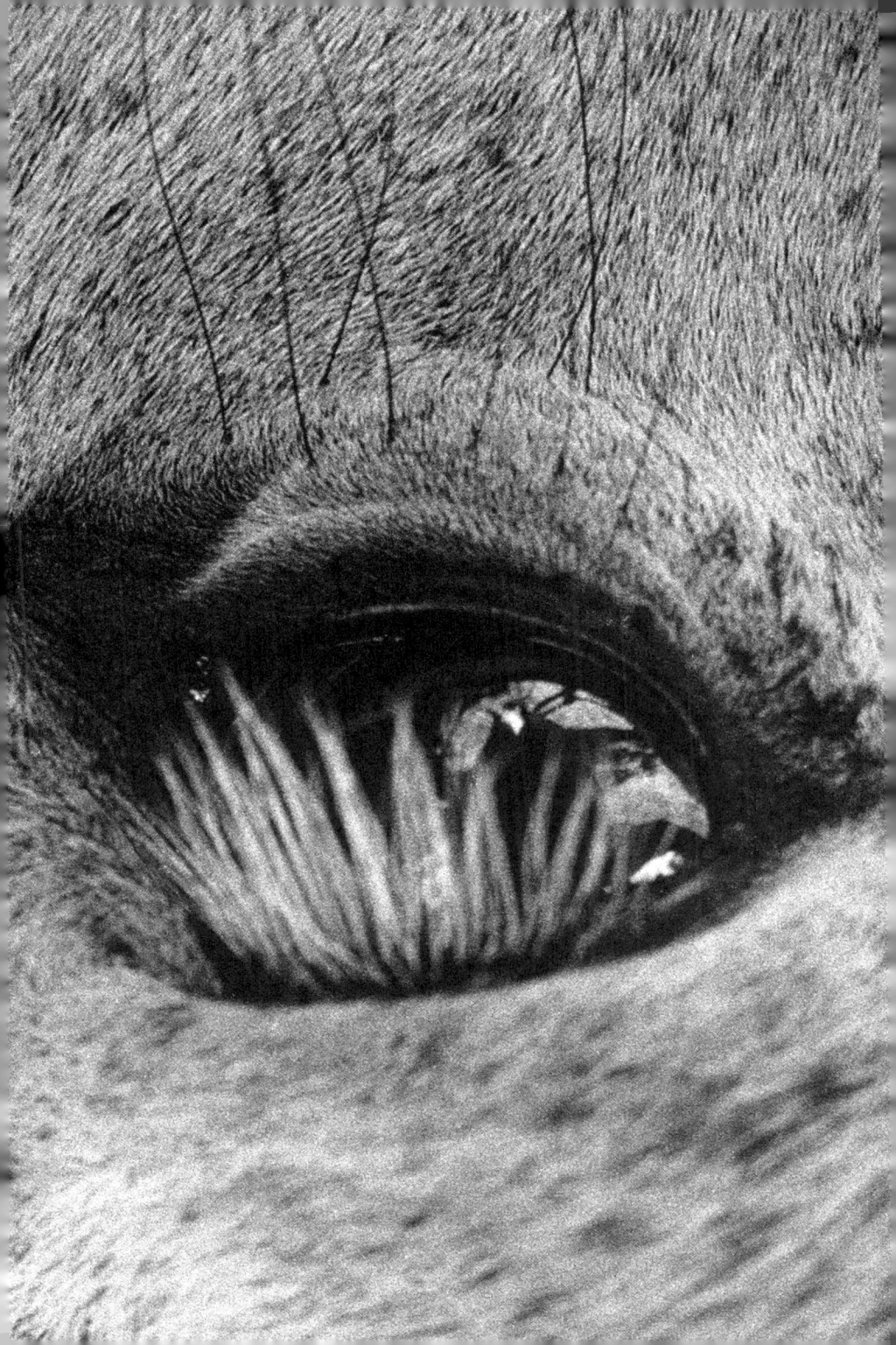

O parasita, ou a demonstração de que comer e beber à custa dos outros é uma profissão

Tiquîades, Simão

Tiquîades
Estou curioso a seu respeito, Simão. As pessoas comuns, tanto os homens livres quanto os escravos, têm todas alguma profissão que lhes permite beneficiar a si mesmas e aos outros; você parece ser uma exceção.

Simão
Não entendo o que você quer dizer, Tiquíades; seja um pouco mais claro.

Tiquíades
Quero saber se você tem alguma profissão. É músico, por exemplo?

Simão
De jeito nenhum.

Tiquíades
Médico?

Simão
Não.

Tiquíades
Matemático?

Simão
Não.

Tiquíades
Será que ensina retórica, então? Sobre a filosofia não preciso perguntar; ela está tão longe de você quanto do pecado.

Simão
Mais longe ainda, se é que isso é possível. Mas não pense que está me esclarecendo sobre meus defeitos. Eu mesmo me reconheço pecador – muito mais do que você poderia imaginar.

Tiquíades
É claro. Mas talvez você tenha se afastado dessas profissões nobres porque nenhuma coisa grandiosa é fácil. Talvez um ofício manual seja mais do seu feitio. É, por acaso, carpinteiro ou sapateiro? Você não vive em circunstâncias tais que tornem supérfluo mesmo um ofício manual dessa natureza.

Quem já voltou chorando de um jantar? Da escola não se pode dizer o mesmo.

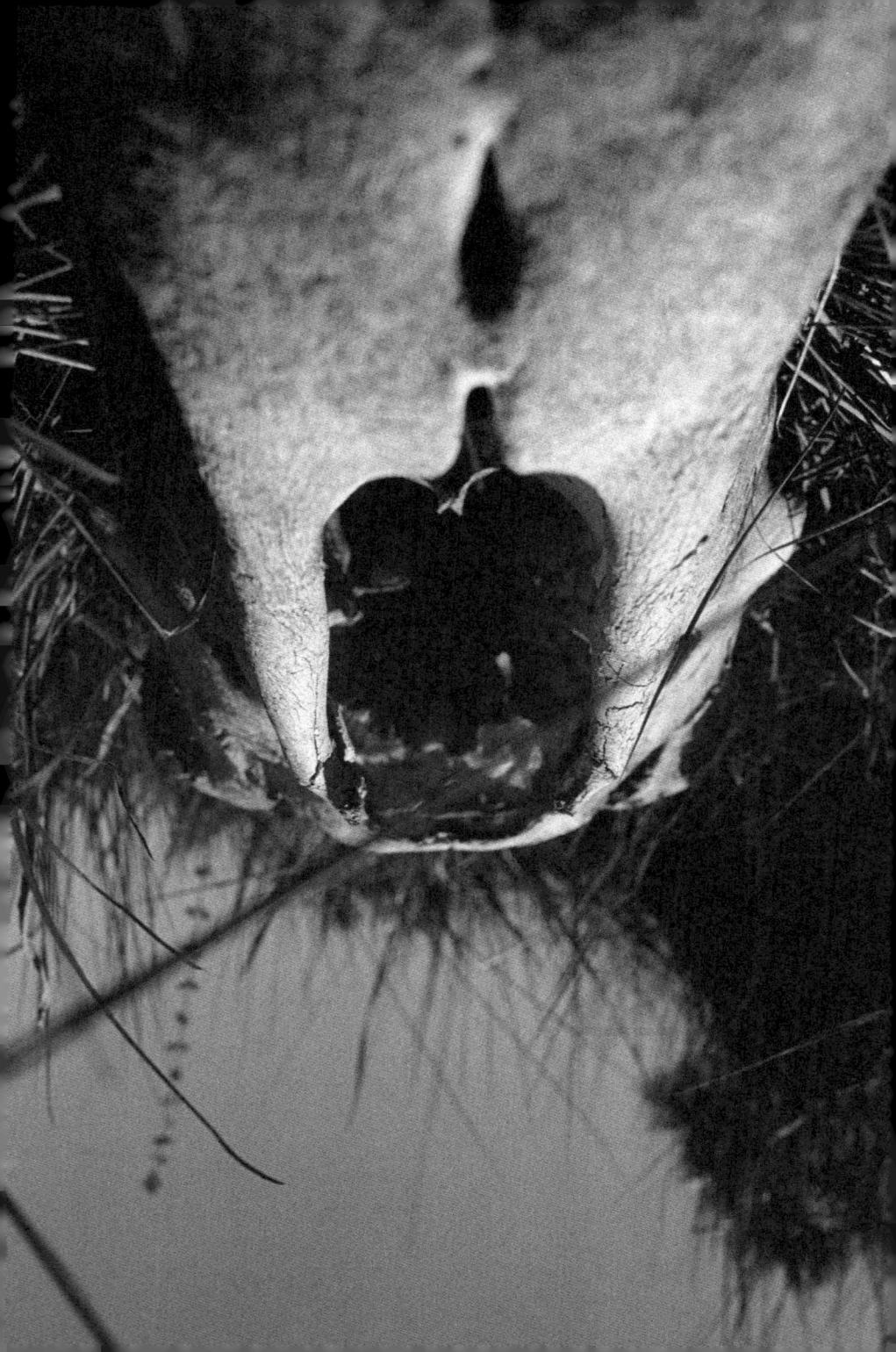

SIMÃO
É verdade. Bem, não tenho habilidade em nenhum desses ofícios.

TIQUÍADES
Em que, então?

SIMÃO
Numa arte excelente, na minha opinião; tenho certeza de que, se a conhecesse, você concordaria comigo. Afirmo que, a esta altura, sou um mestre na prática dessa arte; mas não sei se sou capaz de descrevê-la abstratamente.

TIQUÍADES
E o que é?

SIMÃO
Não, acho que não a conheço suficientemente do ponto de vista teórico. Por enquanto, basta que você saiba que tenho uma profissão e pare de se preocupar com isso. Em outra ocasião você vai conhecer a natureza dessa profissão.

TIQUÍADES
Não, não aceito essas evasivas.

SIMÃO
Pode ser que minha profissão o escandalize.

TIQUÍADES
Gosto de me sentir escandalizado.

SIMÃO
Outro dia eu lhe conto.

TIQUÍADES
Agora; caso contrário, vou concluir que tem vergonha dela.

SIMÃO
Pois bem. Sou um parasita.

TIQUÍADES
Ora, mas quem, em sã consciência, chamaria o parasitismo de profissão?

SIMÃO
Eu. E, se você pensa que minha consciência não é sã, atribua à loucura o fato de eu não conhecer nenhuma outra profissão; ela será minha desculpa. Dizem que a Loucura, minha senhora, é cruel em quase todos os aspectos para com aqueles que ela domina; mas ela pelo menos desculpa as transgressões destes, assumindo a responsabilidade por elas, como se fosse uma mestre-escola ou uma tutora.

TIQUÍADES
O parasitismo, portanto, é uma arte?

SIMÃO
É, e eu a professo.

TIQUÍADES
E você é um parasita, então?

SIMÃO
Mas que ofensa terrível!

Mas é claro que, se nunca sentir fome, sede ou frio é ser feliz, é o parasita quem melhor se encontra nessa posição. Filósofos famintos e tiritantes nós vemos todos os dias, mas um parasita faminto e tiritante, jamais.

Tiquíades
O quê? Não se envergonha de chamar a si mesmo de parasita?

Simão
Pelo contrário, me envergonharia de não me chamar por esse nome.

Tiquíades
E quando quisermos descrevê-lo a quem não o conhece mas gostaria de ter mais informações a seu respeito, poderemos naturalmente chamá-lo de "o parasita"?

Simão
Esse título me será mais caro que o de "o escultor" a Fídias, pois tenho tanto orgulho da minha profissão quanto Fídias tinha de seu Zeus.

Tiquíades
Ha, ha, ha! Me desculpe – uma ideia acaba de me ocorrer.

Simão
E o que é?

Tiquíades
Pense em como lhe endereçaremos nossas cartas: a Simão, o Parasita!

Simão
Simão, o Parasita; Díon, o Filósofo. Gosto tanto do meu título quanto ele do dele.

TIQUÍADES
Ora, ora, seu gosto por títulos não me importa. Passemos agora ao próximo absurdo.

SIMÃO
Qual seja...?

TIQUÍADES
Inseri-lo no rol das artes. Quando alguém perguntar de que arte se trata, como a chamaremos? Conhecemos a Gramática e a Medicina; mas o Parasitismo?

SIMÃO
Na minha opinião, ele tem o mais pleno direito a ser chamado de arte. Se você estiver disposto a ouvir, posso explicar, embora não esteja adequadamente preparado, como já disse.

TIQUÍADES
Uma breve exposição será suficiente, desde que seja verdadeira.

SIMÃO
Veja se concorda comigo. Acho que devemos primeiro examinar o que é a Arte em geral. Isso nos permitirá entrar na questão de quais artes específicas realmente assim se classificam.

TIQUÍADES
Bem, o que é a Arte? Você sabe, não?

SIMÃO
É claro.

TIQUÍADES
Pois então, visto que sabe, fale.

SIMÃO
Uma arte, conforme certa vez ouvi de um sábio, é um conjunto de percepções sistematicamente empregadas em vista de um fim útil para a vida humana.

TIQUÍADES
E ele tinha toda a razão.

SIMÃO
Pois bem. Se o parasitismo corresponder pontualmente a essa definição, ele será uma arte?

TIQUÍADES
Se assim for, será.

SIMÃO
Pois bem, apliquemos ao parasitismo cada um desses elementos essenciais da Arte e vejamos se eles ressoam em harmonia ou se desprendem um som dissonante, como o de uma peça de cerâmica ruim. O parasitismo deve ser, como toda arte, um conjunto de percepções. Constatamos logo à primeira vista que nosso artista deve ser capaz de distinguir criticamente qual é o homem que o alimentará satisfatoriamente e não lhe dará motivos para desejar ter batido à porta de outrem. Ora, se a aquilatação – que outra coisa não é senão a capacidade de distinguir a moeda verdadeira da falsa – é uma profissão reconhecida, você não há de negar a mesma condição àquilo que distingue entre homens verdadeiros e falsos. A legitimidade dos *homens* é menos evidente

que a das moedas, sendo esse o sentido da queixa do sábio Eurípedes:

> Mas como distinguir os homens vis?
> A virtude e o vício não assinalam exteriormente a carne.

Tanto mais grandiosa deve ser a arte do parasita, que é mais eficaz que a profecia para alcançar a certeza em questões tão difíceis.

Depois vem a faculdade de conduzir as palavras e as ações de modo a promover a intimidade e convencer o benfeitor de sua devoção para com ele; será isso compatível com uma fraqueza de percepção ou de entendimento?

Tiquíades
É claro que não.

Simão
Depois, à mesa, é preciso brilhar mais que os outros e evidenciar a diferença entre os amadores e os profissionais. Será que isso pode ser feito sem reflexão e engenhosidade?

Tiquíades
De fato, não.

Simão
Ou talvez você ache que qualquer leigo que se dê ao trabalho seja capaz de distinguir o bom do mau jantar. O poderoso Platão diz que, se o conviva não for versado em culinária, o tempero do banquete não será julgado como se deve.

O próximo ponto a ser provado é que o parasitismo não depende somente de percepções, mas de percepções empregadas de modo sistemático. Nada mais simples. Ocorre muitas vezes de as percepções em que as outras artes se baseiam não serem empregadas durante dias, noites, meses ou anos pelos que as possuem, e mesmo assim a arte deles não perece; se as percepções do parasita, por outro lado, deixassem de ser exercidas cotidianamente, não só a arte pereceria como o próprio parasita pereceria junto com ela.

Resta o "fim útil para a vida humana"; somente um louco poria isto em questão. Não há nada que seja tão útil para a vida humana quanto comer e beber; sem isso é impossível viver.

Tiquíades
É verdade.

Simão
Além disso, não é fato que o parasitismo não deve ser posto na mesma categoria da beleza e da força? E que deve, portanto, ser considerado uma arte e não uma qualidade?

Tiquíades
É fato.

Simão
E, na esfera da arte, ele não denota a condição negativa da falta de habilidade, que jamais traz prosperidade para quem a possui. Um exemplo: se um homem que não entendesse de navegação assumisse o comando de um navio num mar tempestuoso, ele estaria seguro?

Tiquíades
De jeito nenhum.

SIMÃO
Ora, por quê? Por que ele não possui a arte que lhe permitiria salvar sua vida?

TIQUÍADES
Exatamente.

SIMÃO
Disso decorre que, se o parasitismo fosse o contrário de uma arte, o parasita não salvaria a própria vida por meio dele?

TIQUÍADES
Sim.

SIMÃO
O homem é salvo pela arte e não pela ausência dela?

TIQUÍADES
Sem dúvida.

SIMÃO
O parasitismo, portanto, é uma arte?

TIQUÍADES
Parece que sim.

SIMÃO
Acrescento que já conheci bons navegadores e cocheiros hábeis que encontraram a calamidade, sofrendo aqueles a morte e estes, ferimentos; mas ninguém lhe dirá que um parasita já sofreu um naufrágio. O parasitismo, nesse sentido, não é nem uma qualidade nem uma ausência de arte, mas sim um conjunto de percepções sistematicamente

empregadas. Da presente discussão conclui-se, portanto, que ele é uma arte.

Tiquíades
Parece ser essa a conclusão. Mas nos dê agora uma boa definição da sua arte.

Simão
Bem pensado. E creio que esta será suficiente: o parasitismo é a arte de comer e beber e das palavras por meio das quais essas coisas podem ser asseguradas; sua finalidade é o Prazer.

Tiquíades
Excelente definição, segundo me parece. Mas já lhe aviso que essa finalidade o porá em conflito com alguns filósofos.

Simão
Se o parasitismo e a Felicidade tiverem a mesma finalidade, para nós isso será o bastante.
    E logo lhe demonstrarei que assim é. O sábio Homero, admirando a vida do parasita como a única existência bem-aventurada e digna de inveja, diz:

> Afirmo que não há finalidade mais bela a ser atingida
> Que quando o povo está afinado com a alegria
> ... e as tábuas dos banquetes rangem
> Com a carne e o pão, e a concha do criado
> Tira o doce vinho do jarro e o despeja nas taças.

    E, se com isso sua admiração já não ficasse clara o suficiente, o bom homem insiste um pouco mais em sua opinião pessoal:

Em meu coração, considero essa a mais elevada bem-aventurança.

Além disso, o personagem a cuja fala ele confia essas palavras não é qualquer um; é o mais sábio dos gregos. Ora, se Odisseu quisesse ter dito uma palavra em favor da finalidade proposta pelos estoicos, ele teve inúmeras oportunidades para tal: quando trouxe Filoctetes de Lemnos, quando saqueou Troia, quando impediu os gregos de fugir ou quando entrou em Troia depois de chicotear-se e vestir-se de farrapos dignos de um estoico. Mas não; nunca afirmou que a finalidade por eles prescrita era mais bela. Por outro lado, quando levava uma vida de epicurismo na companhia de Calipso, quando podia passar dias inteiros no luxo e no ócio, desfrutando da filha de Atlas e dando livre curso a todas as emoções agradáveis, mesmo então não considerou ter alcançado uma finalidade mais bela; essa ainda era a vida do parasita. Em sua época, o parasita era chamado de conviva. O que ele diz? Tenho de citar novamente os versos; nada como a repetição: "Os convivas sentados em ordem"; e "as tábuas dos banquetes rangem com a carne e o pão".

Foi uma tremenda desfaçatez de Epicuro ter-se apropriado da finalidade própria do parasitismo para inseri-la em seu sistema de Felicidade. Vou demonstrar-lhe agora que isso foi um roubo e que Epicuro nada tem a ver com o Prazer, enquanto o parasita tem tudo. Entendo que a palavra Prazer significa, primeiro, a tranquilidade do corpo e, segundo, o sossego da alma. Ora, o parasita alcança ambas as coisas e Epicuro não alcança nenhuma. Um homem que se ocupa em investigar o formato da Terra, a infinidade dos mundos, o tamanho do Sol, as distâncias astronômicas, os elementos, a existência ou não existência dos deuses, e que a todo momento se envolve em controvérsias quanto à própria finalidade – esse homem é vítima não só de perturbações humanas, mas de perturbações cósmicas. Enquanto isso, o parasita, convicto de que tudo correrá bem no melhor dos mundos possíveis, levando vida de calma e segurança sem se deixar afligir por nenhuma dessas perplexidades, come, se reclina e dorme, deixando que suas mãos e seus pés cuidem de si próprios, como Odisseu navegando da Feácia para casa.

Mas há também outra refutação das pretensões de Epicuro ao Prazer. Nosso Epicuro, quem quer que seja esse sábio, ou dispõe ou não dispõe de mantimentos. Se não dispõe, não é que não terá uma vida prazerosa; não terá vida nenhuma. Se dispõe, os obtém por seus próprios meios ou pelos meios de outrem. No último caso, é um parasita e não aquilo que afirma ser; no primeiro, não terá uma vida prazerosa.

TIQUÍADES
Por que não?

SIMÃO
Ora, se obtém seu alimento por seus próprios meios, esse modo de vida tem muitas consequências. Compute-as. Você admite que, para que o princípio da vida de alguém seja o prazer, todos os apetites dessa pessoa têm de estar satisfeitos?

TIQUÍADES
Admito.

SIMÃO
Bem, uma renda polpuda talvez possa atender a esse re-

A Filosofia, portanto, não é uma, pois constato que sua diversidade é infinita. E não pode ser muitas, pois seu nome é "Filosofia", e não "filosofias".

quisito, mas uma renda minguada certamente não atenderá. Consequentemente, o pobre não pode ser filósofo nem alcançar aquela finalidade, que é o Prazer. Mas nem o rico, que gasta prodigamente seus bens para atender aos próprios desejos, a alcançará. E por quê? Porque os gastos inevitavelmente trazem consigo muitas preocupações. Se o cozinheiro o decepciona, você tem de se indispor com ele ou resignar-se a comer mal e renunciar ao prazer para comprar a paz e o sossego. Depois, dificuldades semelhantes acompanham o modo como o mordomo administra a casa. Não é mesmo?

Tiquíades
Certamente. Concordo.

Simão
Com efeito, uma ou outra dessas coisas estão fadadas a acontecer e a impedir Epicuro de alcançar sua finalidade. Já o parasita não tem cozinheiro com quem se irritar, não tem terras, nem mordomo, nem dinheiro com cuja perda poderia se aborrecer; ao mesmo tempo, vive das primícias da terra e é a única pessoa que pode comer e beber sem as preocupações das quais os outros não conseguem escapar.

Já está mais que provado que o parasitismo é uma arte. Resta demonstrar sua superioridade, o que farei em duas etapas: primeiro, que ele é superior a todas as artes em seu conjunto; depois, que é superior a cada uma delas separadamente. A superioridade geral é a seguinte: as artes têm de ser instiladas à custa de labuta, ameaças e espancamentos – necessários, mas lamentáveis. Minha arte, cuja aquisição não exige labuta alguma, talvez seja a única exceção. Quem já voltou chorando de um jantar? Da escola não se pode dizer o mesmo. E quem já foi jantar com a expressão de desgosto característica dos que vão à escola? Não, o parasita não precisa que ninguém o obrigue a sentar-se à mesa. É dedicado à sua profissão, ao contrário dos outros aprendizes, que odeiam a deles a ponto de, às vezes, fugir. E vale notar que a recompensa geralmente oferecida pelos pais às crianças que fazem progresso nas artes comuns é a mesma que o parasita obtém habitualmente. "O rapaz escreveu bem", dizem; "vamos lhe dar alguma coisa gostosa". "Escreveu mal; que fique sem comer!" A boca é utilíssima para castigos e recompensas.

Além disso, o resultado das outras artes só vem quando o aprendizado termina. Somente seus frutos são agradáveis; "o caminho que ali conduz é longo e árduo". O parasitismo é de novo uma exceção, na medida em que, nele, o aprendizado e o lucro caminham de mãos dadas. O fim é alcançado logo no início. E, ao passo que todas as outras artes são apreciadas em razão do sustento que um dia vão proporcionar, o parasita obtém seu sustento desde o dia em que começa. Você sabe, sem dúvida, que o objetivo do agricultor ao lavrar a terra não é fazer agricultura, mas outra coisa; que o objetivo do carpinteiro não é a carpintaria em abstrato. Mas o parasita não tem um objetivo ulterior; para ele, o trabalho e o fruto do trabalho são a mesma coisa.

Não é novidade para ninguém que os outros profissionais labutam quase sem cessar e só folgam um ou dois dias por mês, e também as cidades instituem festas, algumas uma vez por mês e outras uma vez por ano; esses são os tempos de que os outros dispõem para se divertir. Mas o parasita tem trinta festas por mês; para ele, todo dia é feriado.

Mais ainda: o sucesso nas outras artes pressupõe uma dieta tão rigorosa quanto a de qualquer inválido; quem come e bebe à vontade não progride nos estudos.

As outras artes, do mesmo modo, são inúteis para seus possuidores a menos que eles tenham os instrumentos necessários; não se pode tocar flauta sem a flauta, nem cantar música lírica sem a lira, nem praticar a equitação sem um cavalo. Mas uma das excelências e conveniências da nossa profissão é que nenhum instrumento é necessário para seu exercício.

As outras artes, pagamos para aprender; esta, os outros pagam para nós.

Além disso, enquanto as outras têm seus professores, ninguém ensina o parasitismo; ele é uma dádiva dos céus, como disse Sócrates a respeito da poesia.

E não se esqueça de que, enquanto o exercício das outras artes tem de ser interrompido durante uma viagem por terra ou por mar, esta pode ser plenamente aplicada também nessas circunstâncias.

TIQUÍADES
Sem dúvida.

SIMÃO
Outra questão que me impressiona é que as outras artes precisam desta, mas esta não precisa das outras.

TIQUÍADES
Mas não é errado se apropriar do que pertence aos outros?

SIMÃO
É claro.

TIQUÍADES
Pois bem, é isso que o parasita faz. Por que somente ele pode fazer o que é errado?

SIMÃO
Ah, sobre isso não sei o que dizer. Mas olhe aqui: você sabe quanto os primórdios das outras artes são vulgares e insignificantes; os do parasitismo, ao contrário, são nobres. Você verá que o princípio do parasitismo não é nada mais nada menos que a amizade, tema de tantos elogios.

TIQUÍADES
Como você chega a essa conclusão?

SIMÃO
Bem, ninguém convida um inimigo, um estranho ou mesmo um mero conhecido para o jantar; é preciso que o anfitrião seja amigo dele antes de partilhar com ele sua comida e sua bebida e admiti-lo à iniciação nesses santos mistérios. Quantas vezes já não ouvi as pessoas dizerem: "Amigo uma ova! Com que direito? Ele nunca comeu nem bebeu conosco." Veja, somente o homem que já fez isso é um amigo em quem se pode confiar.

Acompanhe agora esta prova cabal, embora não seja a única, de que o parasitismo é a mais régia das artes. Nas demais, os homens têm de trabalhar (para não dizer labutar e suar) quer sentados, quer em pé, sinal inequívoco de que são escravos de sua arte, ao passo que o parasita tem liberdade para reclinar-se como um rei.

Quanto à felicidade em que ele vive, basta aludir às palavras do sábio Homero: é ele, e ele somente, que "não planta nem ara a terra"; ele "colhe o que não plantou nem semeou".

E, enquanto a patifaria e a loucura não impedem ninguém de exercer a retórica, a matemática e a metalurgia do cobre, nenhum patife ou louco é capaz de sobreviver como parasita.

Tiquíades
Ora, ora, que profissão fantástica! Estou quase trocando a minha por ela.

Simão
Acho que já provei sua superioridade sobre as artes em geral; vamos demonstrar agora como ela sobressai às artes específicas. E seria tolice compará-la com os ofícios manuais; deixo isso por conta dos detratores dela e me dedico a provar que ela é superior às profissões mais grandiosas e honradas. Estas, por consenso universal, são a Retórica e a Filosofia; com efeito, alguns insistem em que somente o nome "ciências" lhes faz jus. Portanto, se eu provar que o parasitismo está muito acima delas, tanto mais ele há de se destacar entre as outras, como Nausícaa entre suas criadas.

Em primeiro lugar, ele é superior tanto à Filosofia quanto à Retórica em matéria de existência real; ele existe

Caso caia em batalha, nem os comandantes nem os camaradas sentirão vergonha daquele corpanzil, ora reclinado a adornar o campo de batalha como outrora adornara a sala de jantar.

realmente, as outras não. Não temos todos uma mesma noção coerente acerca de o que seja a Retórica; alguns a consideram uma arte, outros a negação da arte, outros um simples artifício e assim por diante. Do mesmo modo, não há consenso acerca do objeto da Filosofia ou da relação dela com ele; a opinião de Epicuro é uma, a dos estoicos é outra, as da Academia e do peripatéticos outras ainda; com efeito, a Filosofia tem tantas definições quantos são os filósofos que a definem. Pelo menos até agora, nenhum deles obteve a vitória, de modo que sua profissão não pode ser chamada *uma só*. A conclusão é óbvia. Nego peremptoriamente que algo que não tem existência real seja uma arte. Um exemplo: há uma e somente uma Aritmética; duas vezes dois são quatro aqui ou na Pérsia; os gregos e os bárbaros não disputam a respeito disso. Mas as filosofias são muitas e diversas, e não concordam nem quanto a seus princípios nem quanto a seus fins.

Tiquíades
É exato. Embora digam que a Filosofia é uma só, eles próprios a transformam em muitas.

Simão
Essa falta de harmonia pode ser desculpada nas outras artes, que são contingentes por natureza e não se baseiam em percepções imutáveis. Mas que à *Filosofia* falte unidade e que ela entre em conflito consigo mesma, como um conjunto de instrumentos desafinados – como tolerar tal coisa? A Filosofia, portanto, não é uma, pois constato que sua diversidade é infinita. E não pode ser muitas, pois seu nome é "Filosofia", e não "filosofias".

A existência real da Retórica incorre na mesma crítica. O fato de todos os professores não concordarem quanto a seu objeto, mas terem opiniões conflitantes acerca dele, é uma demonstração disso; aquilo que é apreendido de maneiras diferentes não pode existir. Investigar se uma coisa é isto ou aquilo, em vez de concordar em que ela é una, equivale a negar sua existência.

Como é diferente o caso do Parasitismo! Para gregos e bárbaros, ele é *uno* quanto à sua natureza, seu objeto e seus métodos. Ninguém lhe dirá que este pratica o Parasitismo deste modo e aquele, de outro modo; não conheço nenhum parasita que adote princípios peculiares, como fazem os estoicos e os epicuristas; todos concordam em tudo; sua conduta e seus objetivos são igualmente harmônicos. Entendo, por esta demonstração, que o Parasitismo é a própria Sabedoria.

Tiquíades
Com efeito, parece-me que você tratou suficientemente dessa questão; mas como prova a inferioridade da Filosofia em relação à sua arte?

Simão
Devo dizer em primeiro lugar que nenhum parasita jamais caiu de amores pela Filosofia; mas está documentado que muitos filósofos voltaram, e ainda voltam, seus corações para o Parasitismo.

Tiquíades
Filósofos praticando o Parasitismo? Seus nomes, por favor.

Simão
Seus nomes? Você os conhece muito bem; apenas finge não conhecer, pois considera esse fato um atentado ao caráter deles, quando na verdade é um elogio.

TIQUÍADES
Simão, asseguro-lhe solenemente que não sei em que exemplos você está pensando.

SIMÃO
Palavra de honra? Concluo que você nunca leu os biógrafos deles. Caso contrário, saberia sem hesitação a quem me refiro.

TIQUÍADES
A sério, gostaria de ouvir-lhes os nomes.

SIMÃO
Vou lhe dar uma lista, e não são dos piores, pelo contrário; fazem parte da *elite*, se é que minhas informações procedem. Vão surpreendê-lo. O socrático Ésquines, autor de diálogos tão espirituosos quanto compridos, levou esses diálogos consigo à Sicília na esperança de chamar a régia atenção de Dioniso; quando fez uma leitura do *Miltíades* e se viu famoso, estabeleceu-se na ilha, onde se dedicou a parasitar Dioniso e a esquecer por completo a compostura socrática.

Suponho, ainda, que você considere Aristipo de Cirene um filósofo de primeira linha?

TIQUÍADES
Com certeza.

SIMÃO
Ora, ele também viveu ali na mesma época e nas mesmas condições. Dioniso o considerava o melhor de todos os parasitas, e ele tinha, de fato, um dom especial nesse sentido: o príncipe mandava seus cozinheiros visitá-lo todo

dia para receber instruções. Na minha opinião, Aristipo foi um luminar da profissão.

Platão, por fim, o mais nobre de todos, foi à Sicília com o mesmo objetivo; parasitou por alguns dias, mas viu-se incompetente e foi obrigado a ir embora. Voltou a Atenas, preparou-se com grande esforço e fez nova tentativa, que infelizmente redundou no mesmo fim. Parece-me que o desastre siciliano de Platão é comparável ao de Nícias.

TIQUÍADES
E de onde, por obséquio, você tirou todas essas informações?

SIMÃO
De muitas autoridades; mas cito especificamente Aristoxeno, o músico, uma autoridade inconteste que foi ele próprio um parasita de Neleu. E você sabe, sem dúvida, que Eurípides se pôs nessa posição em relação a Arquelau até o dia de sua morte, e Anaxarco fez o mesmo com Alexandre.

Quanto a Aristóteles, esse iniciante em todas as artes também foi mero iniciante no Parasitismo.

Provei-lhe, pois, sem exagero, a paixão dos filósofos pelo parasitismo. Por outro lado, ninguém será capaz de lhe apontar um parasita que tenha se dedicado a filosofar.

Mas é claro que, se nunca sentir fome, sede ou frio é ser feliz, é o parasita quem melhor se encontra nessa posição. Filósofos famintos e tiritantes nós vemos todos os dias, mas um parasita faminto e tiritante, jamais; um tal homem simplesmente não seria um parasita, mas um mendigo miserável, semelhante a um filósofo.

TIQUÍADES

Que seja. E os muitos pontos em que sua arte é superior à Retórica e à Filosofia?

SIMÃO

A vida humana, meu caro senhor, tem seus tempos e suas estações; há tempos de paz e tempos de guerra. Esses tempos provam de modo infalível o caráter das artes e de seus professores. Tomemos primeiro os tempos de guerra e vejamos quem, nessas condições, fará o melhor para si mesmo e para sua cidade.

TIQUÍADES

Agora começa o cabo de guerra. Esse estranho embate entre o parasita e o filósofo me faz rir.

SIMÃO

Para tornar a coisa mais natural e para que você a leve a sério, imaginemos as circunstâncias. Chega de repente a notícia de uma invasão inimiga; ela deve ser enfrentada; não vamos ficar de braços cruzados enquanto a periferia do nosso território é devastada; o comandante-chefe ordena a convocação geral de todos os aptos a combater; o exército se reúne, e nele há filósofos, retóricos e parasitas. É correto que, antes de tomarem as armas, eles tirem as roupas. Agora, meu caro senhor, examine-os um por um e veja em que forma se encontram. Alguns deles estarão magros e pálidos em razão da desnutrição – flácidos, como se já estivessem feridos. Quando pensamos num dia de luta, no combate corpo a corpo, nos empurrões, na poeira e nos ferimentos, não será uma piada de mau gosto falar na capacidade desses mortos de fome de aguentar tudo isso?

Examine agora o parasita. Musculoso, corado, nem pálido como uma mulher nem queimado de sol como um escravo; olhe seu espírito – ele tem o olhar penetrante de um cavalheiro, altivo e sanguíneo; nada dos esquivos olhares femininos quando se vai para a guerra! É um lanceiro notável e será um cadáver mais notável ainda, caso seja seu destino perecer nobremente.

Mas por que conjecturar quando os fatos falam por si? Afirmo simplesmente que, na guerra, entre todos os retóricos e filósofos que já viveram, a maioria jamais se aventurou fora das muralhas da cidade; e os poucos que, obrigados a tanto, tomaram seu lugar nas fileiras, abandonaram o posto e fugiram para casa.

TIQUÍADES
Uma afirmação atrevida e extravagante. Prove.

SIMÃO
Os retóricos, portanto. Isócrates, longe de lutar na guerra, nunca esteve sequer num tribunal; tinha medo, suponho, porque sua voz era fraca. Demades, Ésquines e Filócrates, assim que irrompeu a guerra contra a Macedônia, traíram a seu país e a si próprios em favor de Filipe. Simplesmente defendiam os interesses deste na política ateniense, e todos os demais atenienses que estivessem do mesmo lado eram seus amigos. Quanto a Hipérides, Demóstenes e Licurgo, tidos como espíritos mais corajosos e que sempre faziam balbúrdia na assembleia falando mal de Filipe, de que maneira demonstraram sua bravura na guerra? Hipérides e Licurgo jamais saíram da cidade, não ousaram sequer pôr o nariz para fora dos portões; sentavam-se confortáveis em suas casas, como se estas estivessem sob cerco, escrevendo decretos e resoluções

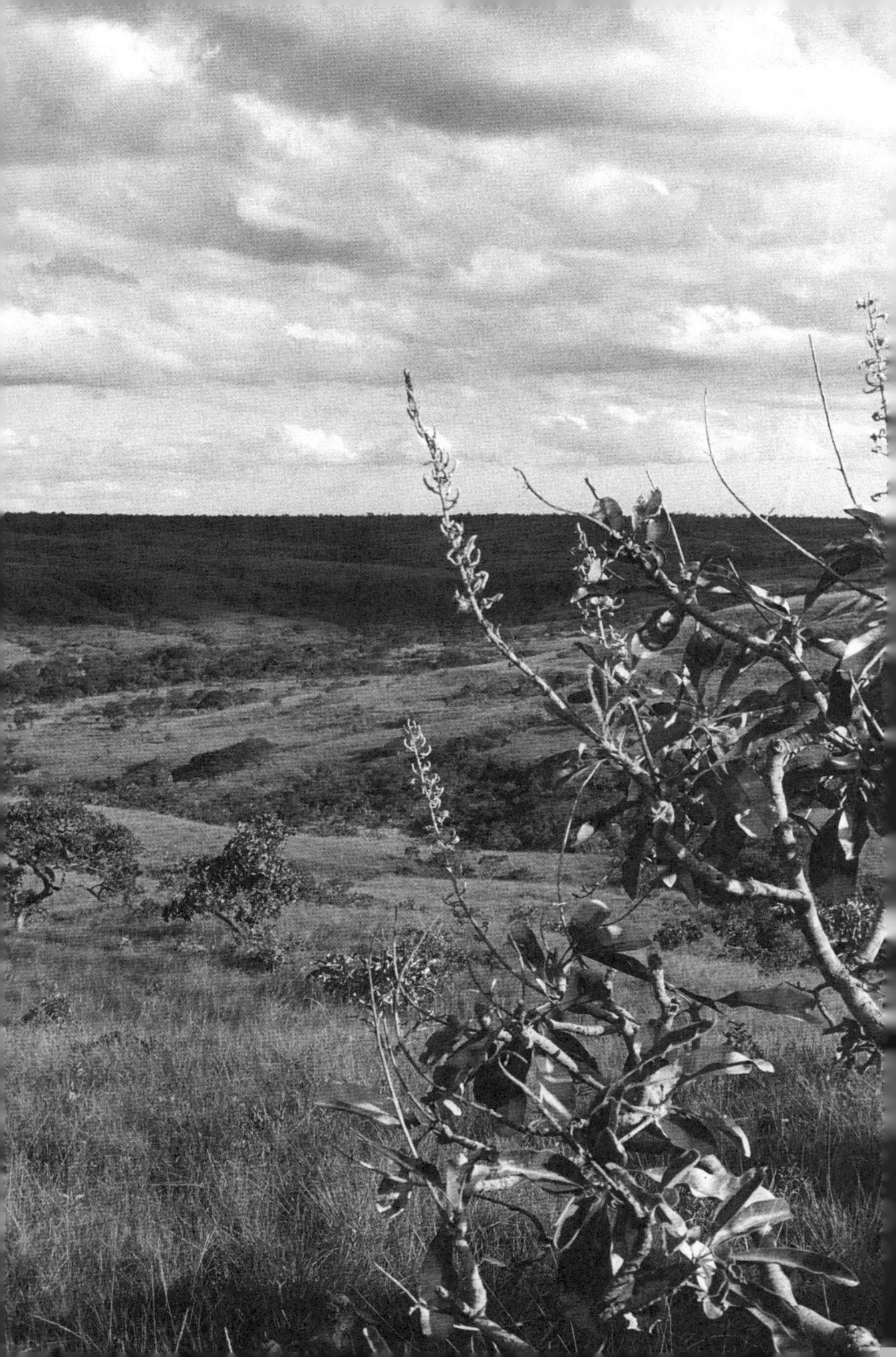

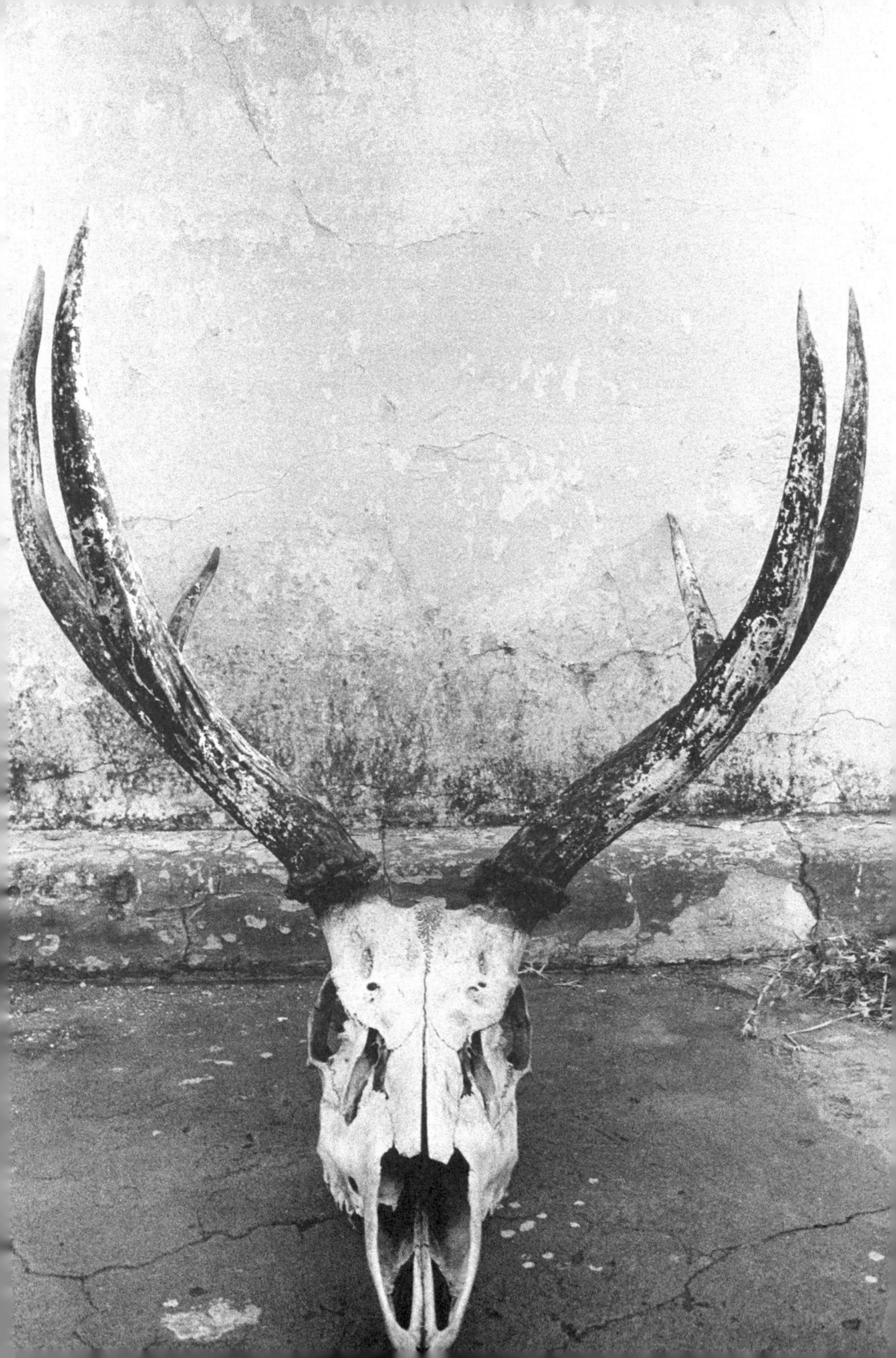

ridículos e insignificantes. E seu grande chefe, cujas palavras mais suaves a respeito de Filipe na assembleia foram "o bruto da Macedônia, região que não produz nem mesmo um escravo que valha a pena comprar" – bem, ele teve a elegância de ir à Beócia no dia anterior à batalha, mas, antes ainda de esta começar, atirou fora o escudo e fugiu. Você já deve ter ouvido falar disso; estava na boca do povo não só em Atenas, mas também na Trácia e na Cítia, de onde provinha essa criatura.

Tiquíades
Sim, sei de tudo isso. Mas eles eram oradores, treinados para falar e não para lutar. Já dos filósofos você não pode afirmar a mesma coisa.

Simão
É fato. Eles discutem a hombridade todos os dias e colaboram muito mais que os oradores para desgastar o sentido da palavra Virtude; mas você verá que são ainda mais covardes e fujões. E como sei disso? Em primeiro lugar, quem será capaz de citar o nome de um único filósofo que morreu na guerra? Ninguém. Ou eles não entram no exército ou desertam. Antístenes, Diógenes, Crates, Zenão, Platão, Ésquines, Aristóteles e todos os seus congêneres nunca puseram os olhos num exército formado para a batalha. O sábio Sócrates foi o único que ousou sair em expedição; e, na batalha de Délio, fugiu do Monte Parnita e se pôs a salvo no ginásio de Táurea. De acordo com suas ideias, era muito mais civilizado sentar-se ali e falar de bobagens inócuas com adolescentes bonitos, confundindo a audiência com jogos de palavras, do que medir forças com um espartano adulto.

TIQUÍADES
Bem, já ouvi essas histórias antes, e da boca de pessoas que não tinham intenção satírica. Por isso, absolvo-o de caluniá-los para engrandecer sua própria profissão.

Mas, se isso não o incomoda, vamos tratar da conduta militar do parasita. Diga-me também se entre os antigos é mencionado algum parasita.

SIMÃO
Caro amigo, até os mais ignorantes entre nós conhecem o bastante de Homero para saber que ele apresenta seus melhores heróis como parasitas. O grande Nestor, cuja língua destilava palavras de mel, era parasita do rei. Aquiles era reconhecidamente o mais belo dos gregos na forma e no espírito; mas nem a ele, nem a Ájax, nem a Diomedes, dirigiu Agamenon tantos elogios de admiração quanto a Nestor. Em oração, ele não pede dez Ájax ou Aquiles. Não: Troia teria sido capturada há muito tempo se ele tivesse em seu exército dez homens como... aquele velho parasita. Idomeneu, da estirpe do próprio Zeus, também é representado do mesmo modo em relação a Agamenon.

TIQUÍADES
Conheço bem essas passagens, mas não entendo ao certo em que sentido eles eram parasitas.

SIMÃO
Lembre-se, então, dos versos em que Agamenon se dirige a Idomeneu.

TIQUÍADES
Quais são eles?

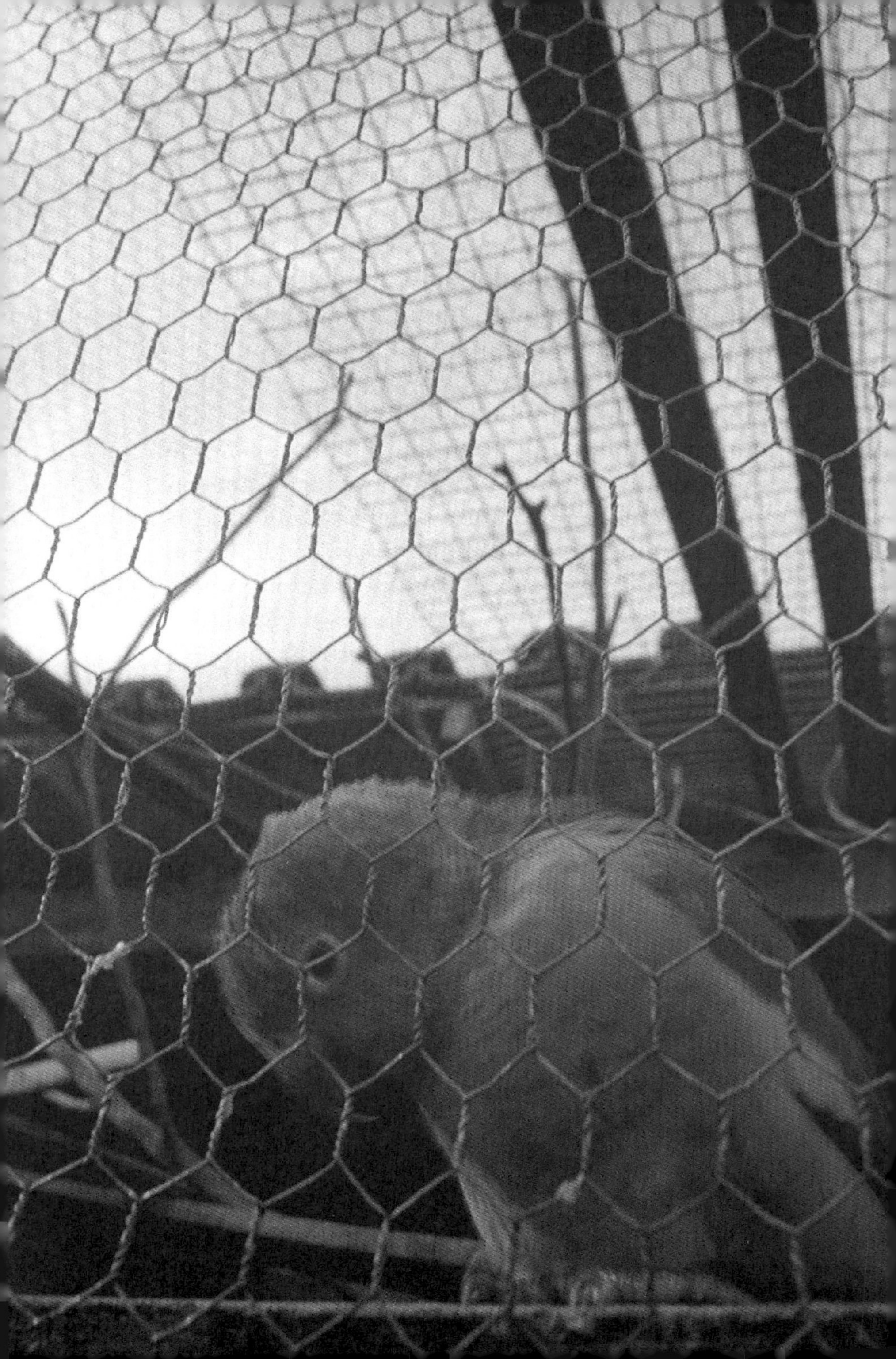

Do mercado e dos tribunais o parasita mantém distância, pois neles impera a trapaça; não há satisfação a ser obtida ali.

Simão

A TAÇA ESTARÁ SEMPRE CHEIA PARA TI
COMO ESTÁ PARA MIM, SEMPRE QUE TE APROUVER BEBER.

Quando ele fala da taça sempre cheia, não quer dizer que ela estará perpetuamente preparada (quando Idomeneu está combatendo ou dormindo, por exemplo), mas que Idomeneu terá pelo resto da vida o privilégio particular de partilhar da mesa do rei sem o convite especial que é necessário para os outros comandados. Dizem-nos que, depois de um glorioso combate singular contra Heitor, Ájax "foi conduzido ao altivo Agamenon"; veja bem, ele é chamado à mesa real (e já não era sem tempo) somente a título de homenagem, ao passo que Nestor e Idomeneu eram companheiros habituais da mesa do rei; pelo menos é isso que me parece. Entendo que Nestor foi um parasita excelente e habilíssimo da realeza. Agamenon não foi seu primeiro benfeitor; ele cumpriu seu período de aprendizado junto a Ceneu e Exádio. E, se Agamenon não tivesse morrido, acho que Nestor jamais teria abandonado sua profissão.

Tiquíades
Foi, de fato, um parasita de primeira classe. Poderia me dar outros exemplos?

Simão
Ora, Tiquíades, qual era, senão essa, a relação de Pátroclo com Aquiles? E ele era um sujeito tão excelente, sob todos os aspectos, quanto qualquer outro dos gregos. A julgar por suas ações, não o considero inferior sequer ao próprio Aquiles. Quando Heitor derrubou os portões e estava lutando dentro dos navios, foi Pátroclo quem o ex-

pulsou e apagou o incêndio do navio de Protesilau; mas não se pode dizer que aqueles que estavam a bordo desse navio fossem ineficientes – Ájax e Teucro estavam lá, o primeiro tão bom na luta corpo a corpo quanto o segundo no tiro com arco. Vários bárbaros, entre os quais Sárpedon, filho de Zeus, foram mortos pelo parasita Pátroclo. Sua própria morte foi incomum. Bastou um homem, Aquiles, para matar Heitor; Páris sozinho foi suficiente para matar o próprio Aquiles; mas foram necessários dois homens e um deus para matar o parasita. E suas últimas palavras não foram nada parecidas com as do poderoso Heitor, que se prostrou diante de Aquiles e suplicou que ele entregasse seu corpo a seus parentes; não, foram aquelas que se poderia esperar de um verdadeiro parasita. Ei-las:

Mas eu teria enfrentado vinte iguais a ti
E minha lança teria abatido os vinte.

Tiquíades
Correto, você provou que ele era um homem bom; porém é capaz de provar que ele não foi somente amigo de Aquiles, mas seu parasita?

Simão
Vou lhe citar o que ele mesmo afirmou nesse sentido.

Tiquíades
Mas você é mesmo um milagreiro!

Simão
Ouça os versos, então:

AQUILES, DEPOSITA MEUS OSSOS PERTO DOS TEUS;
TU E OS TEUS ME ALIMENTARAM; DEIXA-ME JAZER A TEU LADO.

E daí a pouco ele diz:

PELEU ME RECEBEU
E ME PROTEGEU COM TODO O CUIDADO, E DEU NOME A ESTE SERVO, ou seja, deu-lhe o direito de parasitar; se Peleu tivesse querido dizer que Pátroclo era filho do seu amigo, não teria usado a palavra servo, pois Pátroclo era livre. Excluídos os escravos e os amigos, o que é um servo? Ora, é obviamente um parasita. Do mesmo modo, Homero usa a mesma palavra para descrever a relação de Meríones com Idomeneu. E diga-se de passagem que não é Idomeneu, filho de Zeus, que Homero descreve como "à altura de Ares"; é o parasita Meríones.

E não é verdade que Aristogito, pobre e de origem popular, segundo a descrição de Tucídides, parasitou Harmódio? É claro que também era seu amante – uma relação perfeitamente natural entre o parasita e o parasitado. Foi, portanto, esse parasita quem livrou Atenas da tirania, e agora, na forma de uma estátua de bronze, adorna a praça do mercado lado a lado com o objeto de sua paixão. Já apresentei, pois, alguns exemplos de membros da profissão.

Mas como você acha que seria a conduta do parasita na guerra? Em primeiro lugar, ele lutará de barriga cheia, como aconselha Odisseu. É preciso alimentar o homem que vai combater, segundo ele, mesmo que seja nas primeiras horas da madrugada. Enquanto os outros, nervosos e preocupados, envergam seus elmos e couraças ou anteveem os horrores da batalha, o parasita engole seu alimento com uma expressão de alegria; e, assim que a

Se o homem corajoso o é em virtude de sua coragem e o sensato o é em virtude de sua sensatez, o parasita o é em virtude de seu parasitismo.

refrega começar, você o encontrará na linha de frente. Seu benfeitor ficará atrás dele, protegendo-se sob seu escudo como Teucro sob o de Ájax; quando os projéteis começarem a voar, o parasita se porá em perigo pelo benfeitor, a cuja segurança dá mais valor que à sua própria.

Caso caia em batalha, nem os comandantes nem os camaradas sentirão vergonha daquele corpanzil, ora reclinado a adornar o campo de batalha como outrora adornara a sala de jantar. Que triste figura não fará a seu lado o corpo do filósofo, murcho, esquálido e barbado; o pobre fracote já estava morto antes de a luta começar. Quem não desprezará a cidade cujos defensores são criaturas tão miseráveis? Quem, ao ver esses anões pálidos e hirsutos jazendo no chão, não suporá que a cidade, não tendo quem lutasse por ela, fora obrigada a convocar seus prisioneiros para servir no exército? Essa é a diferença entre o parasita e os filósofos e retóricos na guerra.

Na paz, o parasitismo me parece tão melhor que a filosofia quanto a paz é melhor que a guerra. Tenha a bondade de imaginar, primeiro, os cenários da paz.

Tiquíades
Não sei quais seriam; mas vamos imaginá-los mesmo assim.

Simão
Concorda em que eu descreva, como cenários da cidade, o mercado, os tribunais, as escolas de pugilato e os ginásios, as expedições de caça e a sala de jantar?

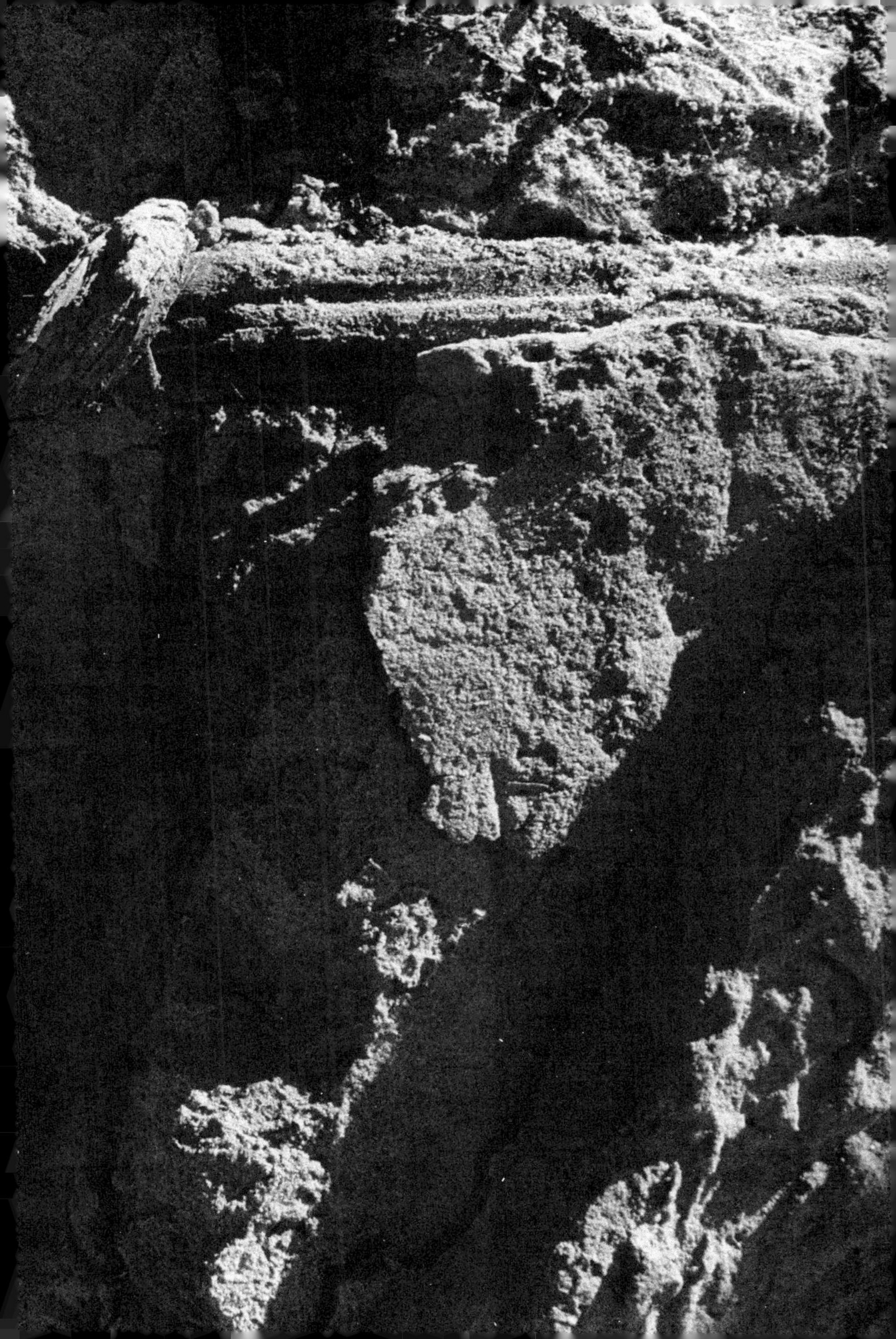

Quanto à aflição,
suportá-la menos
outro, pois uma d
e privilégios de su
a imunidade a ela
dinheiro, nem cas
nem esposa, nem
reféns dos altos e

ele tem de
que qualquer
as vantagens
a profissão é
Ele não tem
a, nem escravos,
filhos – esses
baixos da fortuna

TIQUÍADES
Decerto.

SIMÃO
Do mercado e dos tribunais o parasita mantém distância, pois neles impera a trapaça; não há satisfação a ser obtida ali. Mas na escola de pugilato e no ginásio ele se sente em casa e é a glória desses lugares. Mostre-me um filósofo ou orador que esteja na mesma classe que ele quando ele tira a roupa na escola de pugilato; contemple-os no ginásio; eles não o adornam, mas o enfeiam. E, no meio da mata, nenhum deles enfrentaria o ataque de uma fera selvagem; mas o parasita as enfrenta e não encontra dificuldade em vencê-las, pois, de vê-las tantas vezes assadas nos banquetes, aprendeu a desprezá-las. Se o veado macho ou o javali selvagem eriçam os pelos da nuca, o parasita não treme; se o javali lhe mostra as presas, ele retribui o cumprimento. Para as lebres ele é mais mortífero que o galgo. E, na sala de jantar, quem se compara a ele nas brincadeiras ou no ato de comer? Quem contribui mais para alegrar o ambiente? Será ele, com suas piadas e cantorias, ou uma pessoa que não sorri de modo algum, traja uma túnica puída e tem os olhos voltados para o chão, como se estivesse num enterro e não num jantar? Na minha opinião, um filósofo está tão à vontade num banquete quanto um cachorro no banho.

Mas basta. Que impressão nos dá a vida propriamente dita do parasita quando comparada com a dos outros? Em primeiro lugar, constata-se que ele é indiferente à sua reputação e não dá a mínima para o que os outros pensam dele, ao passo que todos os retóricos e filósofos, sem exceção, são escravos da vaidade, da fama e, pior ainda, do dinheiro. O desprezo que as pessoas comuns têm pelos seixos da praia, o parasita tem pelo dinheiro; e ele preferiria pôr a mão no fogo a encostar no ouro. Mas os retóricos e, como se isso não bastasse, até os filósofos profissionais estão abaixo da crítica sob esse aspecto. Sob os retóricos sequer é preciso falar; mas, entre os filósofos de mais alta reputação na época atual, um foi recentemente condenado por aceitar suborno para dar o veredicto num processo judicial e outro recebe salário para fazer companhia a um príncipe. Este último não se envergonha de, na velhice, viver no exílio e receber pelos seus serviços como um prisioneiro de guerra da Índia ou da Cítia. Nem a notoriedade que sua conduta lhe granjeou basta para fazê-lo corar.

Mas eles não são afetados por essas paixões somente; a elas devemos acrescentar a aflição, a raiva, o ciúme e desejos de todo tipo. O parasita, por sua vez, está fora do alcance de tudo isso. Ele não cede à raiva, pois, por um lado, possui a virtude da fortaleza e, por outro, não tem ninguém que o irrite. E, se por acaso for provocado à ira, não haverá nela nada de desagradável ou taciturno; servirá somente para entreter e fazer rir. Quanto à aflição, ele tem de suportá-la menos que qualquer outro, pois uma das vantagens e privilégios de sua profissão é a imunidade a ela. Ele não tem dinheiro, nem casa, nem escravos, nem esposa, nem filhos – esses reféns dos altos e baixos da fortuna. Não deseja nem a fama, nem a riqueza, nem a beleza.

TIQUÍADES
Mas acho que ele ficará aflito se não tiver comida.

SIMÃO
Ah, mas se isso acontecer ele não será mais um parasi-

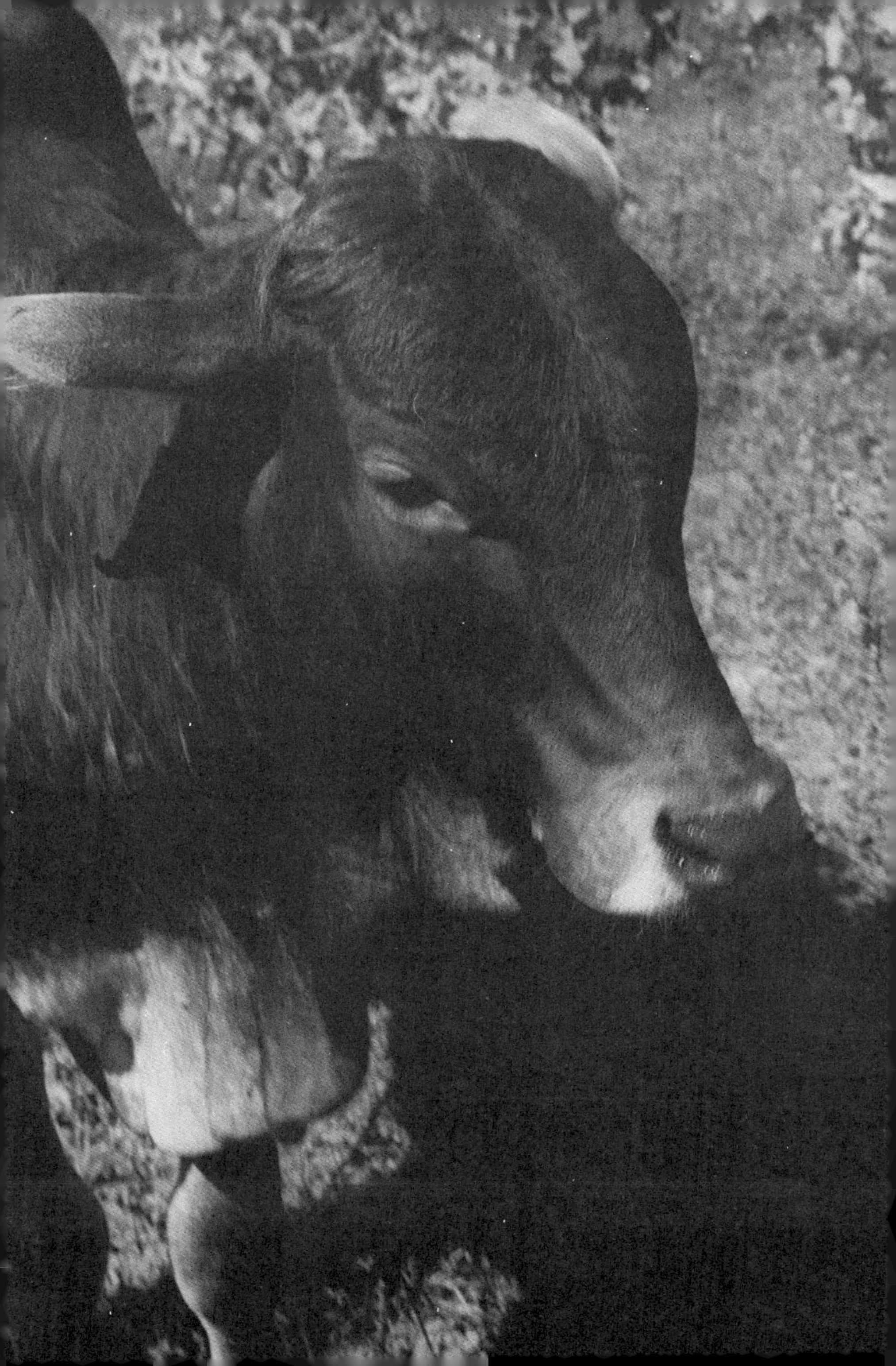

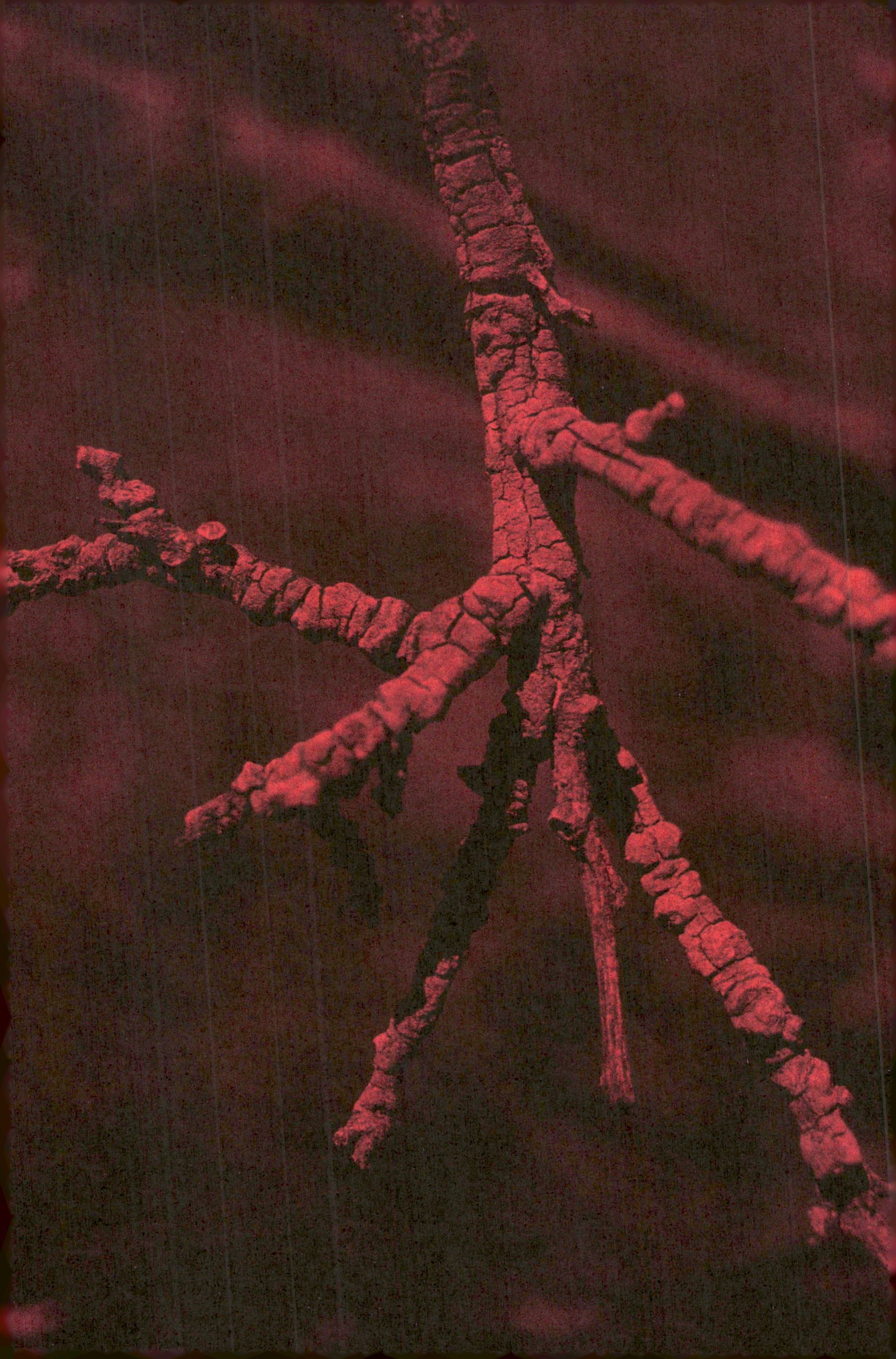

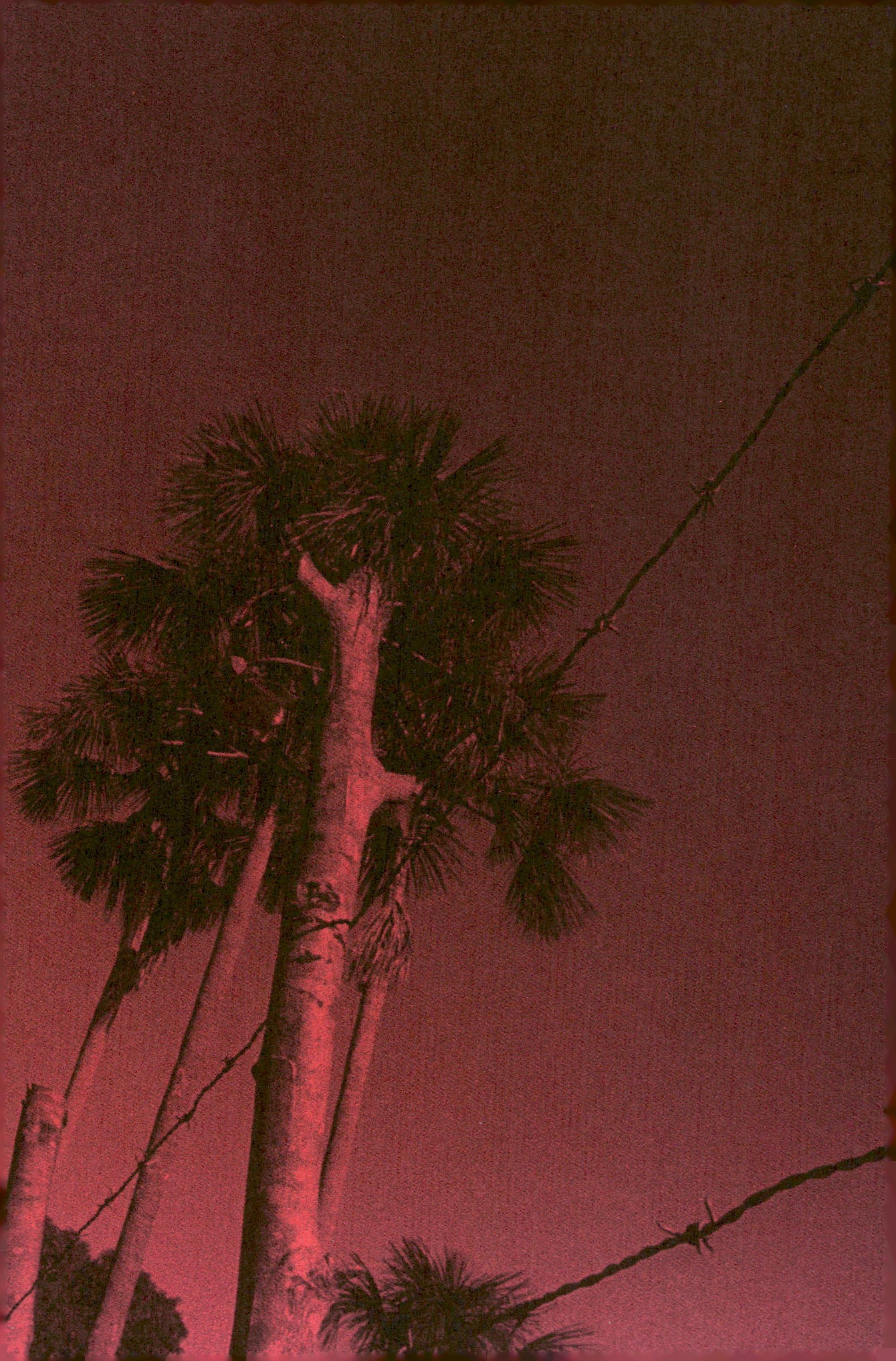

Ninguém será capaz de citar semelhante morte de um parasita; ele come, bebe e morre feliz. E, se alguém lhe disser que um parasita morreu de morte violenta, saiba que a causa não foi nada pior que uma indigestão.

ta. O homem corajoso não será corajoso se não tiver coragem, o homem sensato não será sensato se não tiver sensatez. Naquelas condições, o parasita não poderá parasitar, e estamos falando do parasita enquanto parasita, não enquanto não parasita. Se o homem corajoso o é em virtude de sua coragem e o sensato o é em virtude de sua sensatez, o parasita o é em virtude de seu parasitismo. Sem isso, não estamos mais diante de um parasita, mas de algo completamente diferente.

TIQUÍADES
Isso significa que nunca lhe faltará alimento?

SIMÃO
É claro. Portanto, também dessa aflição ele está livre, como das outras.
    Mais: todos os filósofos e retóricos, sem exceção, são medrosos. Quando saem para caminhar, vê-se que geralmente levam um bastão; é claro que não andariam armados se não tivessem medo. E trancam cuidadosamente as portas por temor de serem atacados à noite. Já o parasita simplesmente fecha a porta de seu quarto para que não seja aberta pelo vento; e, quando ouve um barulho à noite, é como se não ouvisse; caminha por uma estrada solitária e não leva espada; não conhece o medo. Mas sempre vejo os filósofos, mesmo quanto não há nada a temer, levando arcos e flechas; e carregam os bastões até quando vão tomar banho ou café da manhã.
    E ninguém pode acusar um parasita de adultério, lesão corporal, estupro ou, na verdade, de qualquer outro crime. A pessoa que comete tais delitos não está parasitando, mas arruinando-se. Se um parasita é pego cometendo adultério, seu título será determinado, a partir daí, pelo

crime que cometeu. Assim como um ato de covardia não dá fama ao homem, mas infâmia, também o parasita que comete um delito perde seu título anterior e assume, em troca, aquele definido pelo delito. Já de tais delitos cometidos por retóricos e filósofos, nós dispomos não só de abundantes exemplos em nossa própria época como também dos registros que os antigos deixaram em seus livros. Existem as Apologias de Sócrates, de Ésquines, de Hipérides, de Demóstenes e, com efeito, da maioria das pessoas desse tipo. Não chegou a nós nenhuma apologia de um parasita, e você jamais ouvirá dizer que alguém intentou contra um parasita um processo judicial.

Suponho agora que você vai me dizer que a vida do parasita talvez seja melhor que a deles, mas sua morte é pior. Nada disso; é uma morte muito mais feliz. Sabemos muito bem que todos os filósofos, ou a maioria, encontraram o destino cruel que mereceram, quer morrendo envenenados depois de ser condenados por crimes abomináveis, quer queimados vivos, quer por estrangúria, quer no exílio. Ninguém será capaz de citar semelhante morte de um parasita; ele come, bebe e morre feliz. E, se alguém lhe disser que um parasita morreu de morte violenta, saiba que a causa não foi nada pior que uma indigestão.

TIQUÍADES
Tenho de reconhecer que você defendeu bem seus confrades contra os filósofos. Mas vamos examinar a situação, agora, do ponto de vista do benfeitor; acaso ele recebe aquilo pelo que pagou? Pois me parece que é o rico que pratica a bondade, oferece proteção e obtém o alimento, e que todos esses benefícios são um pouco desonrosos para quem os recebe.

SIMÃO
Ora, Tiquíades, que tolice. Não percebe você que o rico, mesmo que tenha todo o ouro de Giges, será pobre se jantar sozinho e não será melhor que um mendigo se andar por aí sem companhia? Um soldado sem suas armas, uma túnica sem a púrpura, um cavalo sem os arreios são coisas vis; e o rico sem seu parasita é um espetáculo baixo e desprezível. É o parasita que honra o benfeitor, não o benfeitor que honra o parasita.

Além disso, nenhuma das recriminações que você imagina se aplica ao parasita. Você se refere, é claro, à diferença de hierarquia entre os dois. Mas é uma vantagem para o rico manter o parasita. Além de seus usos ornamentais, ele é um excelente guarda-costas. Na guerra, ninguém estará disposto a enfrentar o rico que tenha um tal camarada a seu lado; e é impossível imaginar esse rico morrendo envenenado. Quem tentaria envenená-lo quando há um parasita que prova toda a sua comida e bebida? Assim, o parasita não lhe proporciona somente honra, mas também segurança. Seu afeto é tal que ele estará disposto a correr qualquer risco; nunca deixará o benfeitor enfrentar sozinho os perigos da mesa; não: preferirá comer e morrer com ele.

TIQUÍADES
Você apresentou suas razões sem deixar de lado nenhum detalhe, Simão. Não me diga mais que não está preparado; você se formou numa escola excelente. Mas há mais uma coisa que quero saber. Não acha que a palavra "parasita" não soa bem?

SIMÃO
Veja, então, se não tenho uma boa resposta. Faça-me o favor de responder às minhas perguntas como lhe parecer melhor. A palavra "parasitismo" é antiga; o que ela significa realmente?

TIQUÍADES
Comer à custa de outrem.

SIMÃO
Jantar fora, então?

TIQUÍADES
Sim.

SIMÃO
Podemos dizer que o parasita, ao jantar fora, vai comer bem?

TIQUÍADES
Sim, mas deveria fazê-lo em casa.

SIMÃO
Mais algumas respostas, por favor. O que lhe parece melhor e o que você escolheria se tivesse a opção? Navegar ou navegar bem?

TIQUÍADES
Navegar bem.

SIMÃO
Correr ou correr bem?

TIQUÍADES
Correr bem.

SIMÃO
Andar a cavalo ou andar bem a cavalo? Atirar a lança ou atirar bem a lança?

TIQUÍADES
A mesma coisa.

SIMÃO
Nesse caso, podemos dizer que quem come bem é melhor do que quem simplesmente come?

TIQUÍADES
É indiscutível. A partir de agora, virei lhe procurar todos os dias de manhã e à tarde, como um escolar, para aprender sua arte. E tenho certeza de que, sendo eu o seu primeiro aluno, você me dará o melhor tratamento. Dizem que as mães sempre gostam mais dos primeiros filhos.

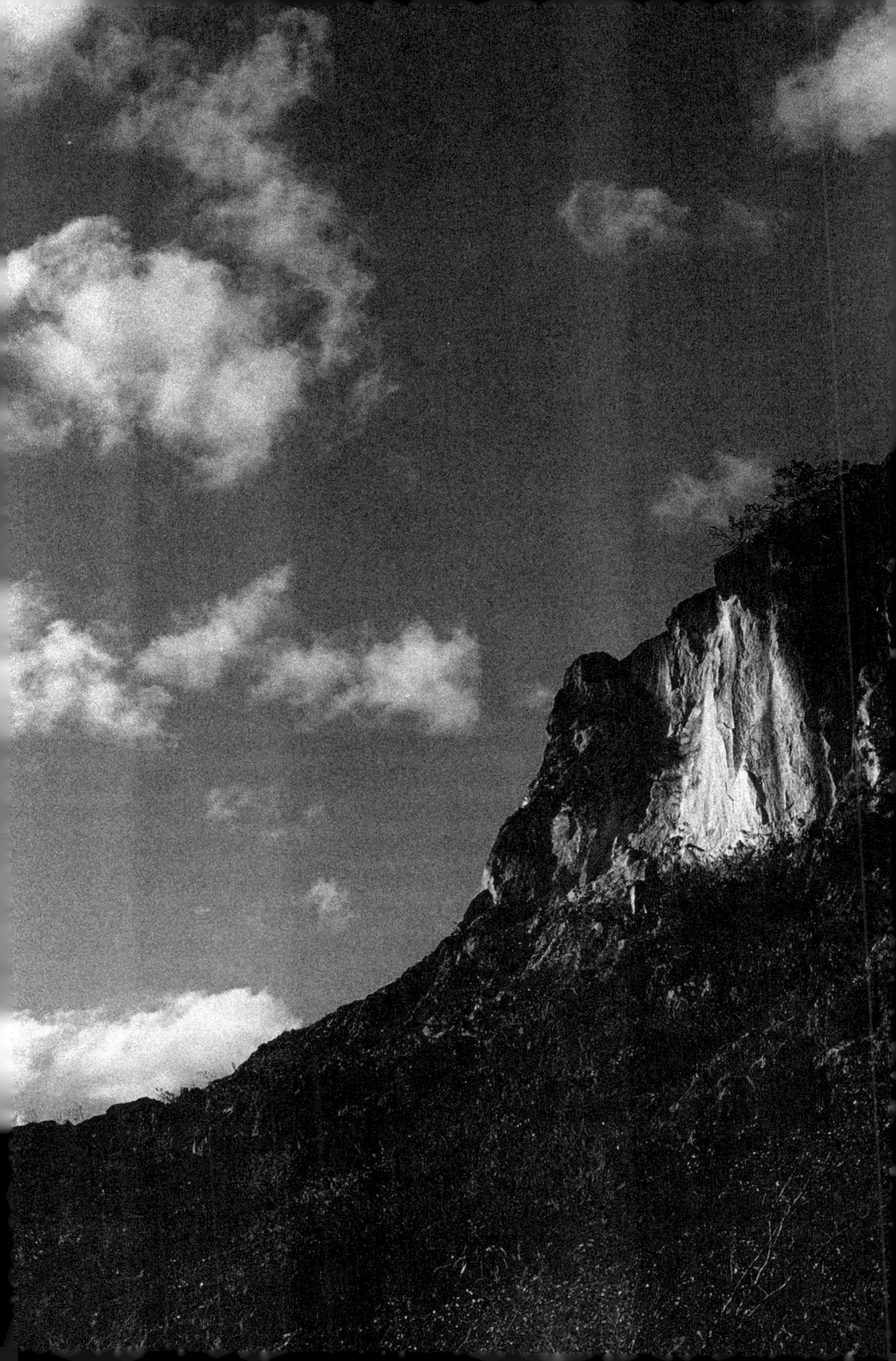

Elogio da mosca

A mosca não é a menor das criaturas aladas; tais seriam o pernilongo, o mosquito-pólvora e outros ainda menores. É maior que eles, assim como a abelha é maior que ela. Não tem penas do tipo comum; não é emplumada nem dotada de remígias como as outras aves, mas se assemelha ao gafanhoto, ao grilo e às abelhas por ter asas rendilhadas. Assim como os tecidos indianos são mais leves e macios que os gregos, essas asas são mais delicadas que as comuns. Além disso, quando estão abertas e movimentando-se sob o sol, um exame atento mostra que são iridescentes como as penas do pavão.

    O voo da mosca não se caracteriza nem pelo incessante bater de asas do morcego, nem pelos pulos do gafanhoto, nem pelo zumbido da vespa, mas a conduz facilmente em qualquer direção. Tem ainda o mérito de não produzir nem um ruído irritante como o do pernilongo, nem grave como o da abelha, nem severo e ameaçador como o da vespa; assim como o som da flauta é mais doce que o da trombeta e o dos pratos de percussão, o zumbido da mosca é mais melódico que o daqueles seres.

Quanto ao restante de sua constituição, sua cabeça se liga ao pescoço por uma articulação esguia. Pode virar-se facilmente para qualquer lado e não forma um só conjunto com o corpo, como a do gafanhoto. Os olhos, saltados, são dotados de pequenas protuberâncias. O tórax é forte; as patas brotam dele com liberdade e não permanecem cerradas junto ao corpo como as da vespa. O abdômen, igualmente protegido, parece uma couraça, com faixas e escamas fortes. As armas da mosca não se encontram na cauda, como as da vespa e da abelha, e sim na boca e na probóscide; com esta última, análoga à tromba do elefante, ela revolve o alimento, apreende os objetos e, por meio de uma ventosa na ponta, agarra-se firmemente a eles. A probóscide também é dotada de um dente retrátil com que a mosca é capaz de perfurar a pele de um animal e beber-lhe o sangue. Ela bebe leite, com efeito, mas também gosta de sangue, o qual obtém sem ferir demais sua presa. Das seis patas, somente quatro são usadas para andar; o par anterior faz as vezes de mãos. A mosca pode ser vista de pé sobre quatro patas e segurando nas mãos um bocado de alguma coisa, que ela consome de um jeito muito parecido com o do ser humano.

A mosca não surge já plenamente formada, mas começa a vida como um verme no cadáver de um homem ou animal; aos poucos desenvolve patas, cria asas, deixa de ser uma criatura rastejante e se torna voadora. Quando procria, gera um vermezinho que um dia será outra mosca. Convive com o homem, partilha do seu alimento e da sua mesa e aprecia tudo exceto o azeite, cujo consumo lhe é mortal. Sendo breve o tempo de vida que lhe é destinado, de qualquer modo ela logo perece; mas enquanto vive ela ama a luz e só permanece ativa sob a sua influência. À noite ela descansa; não voa nem zumbe, mas se recolhe e guarda silêncio.

Menciono também sua grande sabedoria, manifesta no modo como ela frustra os planos de sua inimiga, a aranha. Está sempre alerta contra as armadilhas desta e se esquiva com extrema cautela para não se deixar capturar, prender e enredar em suas teias. Desnecessário mencionar sua bravura e seu vigor; Homero, de todos os poetas o de voz mais poderosa, buscando elogiar o maior dos heróis, não compara seu ânimo ao do leão, do leopardo ou do javali, mas sim à coragem da mosca, a seus ataques destemidos e perseverantes; veja que não lhe atribui simples audácia, mas verdadeira coragem. Por mais que seja enxotada, diz ele, a mosca não vai embora; está determinada a picar. Homero admira a mosca com tanto zelo que não a menciona somente uma ou duas vezes, mas a todo momento; toda alusão a ela é considerada um ornamento da poesia. Ora ele celebra as multidões de moscas que descem sobre o leite; ora, em busca de uma imagem que represente Atena desviando a lança mirada nos órgãos vitais de Menelau, ele a compara à mãe que vigia o filho adormecido; e voltam as moscas. Além disso, atribui-lhes o bonito epíteto de "densamente agregadas"; e o digno termo com que designa o enxame é "nação".

A força da mosca é demonstrada pelo fato de sua picada não perfurar somente a pele humana, mas também a do gado e dos cavalos; ela irrita o elefante, imiscuindo-se nas dobras de seu couro e dando-lhe a conhecer a eficiência de sua tromba, por minúscula que seja. Os amores da mosca são livres e descontraídos, não tão apressados quanto os das aves domésticas; a união sexual é prolongada e perfeitamente compatível com o voo. A mosca continua vivendo e respirando por certo tempo depois de ter a cabeça decepada.

O ponto mais importante de sua história natural é o que vou mencionar agora. É, com efeito, o único fato que Platão parece ter desconsiderado em seu discurso sobre a alma e a imortalidade. Quando se joga um pouco de cinza sobre uma mosca morta, ela se ergue, renasce e recomeça a vida, no que se vê uma prova convincente de que sua alma é imortal: depois de partir, a alma volta, reconhece e reanima o corpo e lhe confere de novo o poder de voar. E assim se confirma o que se conta a respeito de Hermotimo de Clazomenas – que sua alma frequentemente abandonava o corpo e vagava livre, retornando depois para reocupar o corpo e devolver-lhe a vida.

A mosca não trabalha, mas vive no sossego, aproveitando o trabalho alheio e encontrando em toda parte uma mesa servida. É para ela que as cabras são ordenhadas, é para seu bem e para o bem do homem que o mel é armazenado, é para seu paladar que o cozinheiro adapta os molhos; ela come antes do próprio rei, caminha sobre a mesa dele, partilha sua refeição e usufrui de tudo quanto lhe pertence.

Não tem ninho, nem lar, nem casa; como os cítios, prefere a vida errante e estabelece seu lar e sua cama onde quer que a noite a encontre. Mas, como já disse, ela não pratica as obras das trevas; seu lema é "viver abertamente", seu princípio o de não cometer nenhuma baixeza que, feita à luz do dia, pudesse desonrá-la.

Diz a lenda que Myia (o antigo nome da mosca) foi outrora uma jovem muito bonita mas excessivamente amiga da falação, das conversas e das cantorias, que competia com Selene pelo amor de Endimião. Quando o jovem dormia, ela o acordava constantemente com suas fofocas, suas canções e suas folias, até que um dia ele perdeu a paciência e Selene, enraivecida, transformou-a no que ela é agora. É por isso que, lembrando-se de Endimião, a mosca ainda estorva o descanso de todos os adormecidos, sobretudo dos mais jovens e frágeis. Sua picada e sua sede de sangue não são sinais de selvageria, mas de amor e filantropia; ela usufrui como pode da raça humana e bebe sua beleza.

Nos tempos antigos houve uma mulher com esse nome, uma poetisa bela e sábia; houve também uma famosa cortesã da Ática, a respeito de quem o poeta cômico escreveu:

> A PICADA DA BELA MYIA ATINGIU-O FUNDO NO CORAÇÃO.

Vemos que a musa da comédia não desdenhou do nome de Myia nem recusou-lhe hospitalidade nos banquetes; tampouco os pais se envergonhavam de dá-lo a suas filhas. As tragédias vão ainda mais longe e dirigem à mosca altos elogios, como no seguinte exemplo:

> É UMA VERGONHA QUE A MINÚSCULA MOSCA, CORAJOSA EM SEU PODER,
> SE ATIRE NOS MEMBROS DOS HOMENS, SEDENTA DE SEU SA GUE,
> ENQUANTO OS SOLDADOS SE ESQUIVAM DO AÇO DOS ALGOZES!

Poderia ainda acrescentar muitos detalhes sobre Myia, a filha de Pitágoras, mas a história dela é demasiado conhecida.

Existem também moscas de grande tamanho, chamadas geralmente de varejeiras ou mutucas; seu zumbido é rouco, seu voo é veloz e sua vida, longa; passam o inverno todo sem alimentar-se, escondendo-se principalmente nos recessos dos telhados; o fato mais notável a seu respeito é que são hermafroditas.

Aqui me interrompo, não por haver esgotado o tema, mas porque esgotar esse tema seria semelhante a despedaçar uma borboleta na roda de tortura.

É, com efeito, o único fato que Platão parece ter desconsiderado em seu discurso sobre a alma e a imortalidade. Quando se joga um pouco de cinza sobre uma mosca morta, ela se ergue, renasce e recomeça a vida, no que se vê uma prova convincente de que sua alma é imortal.

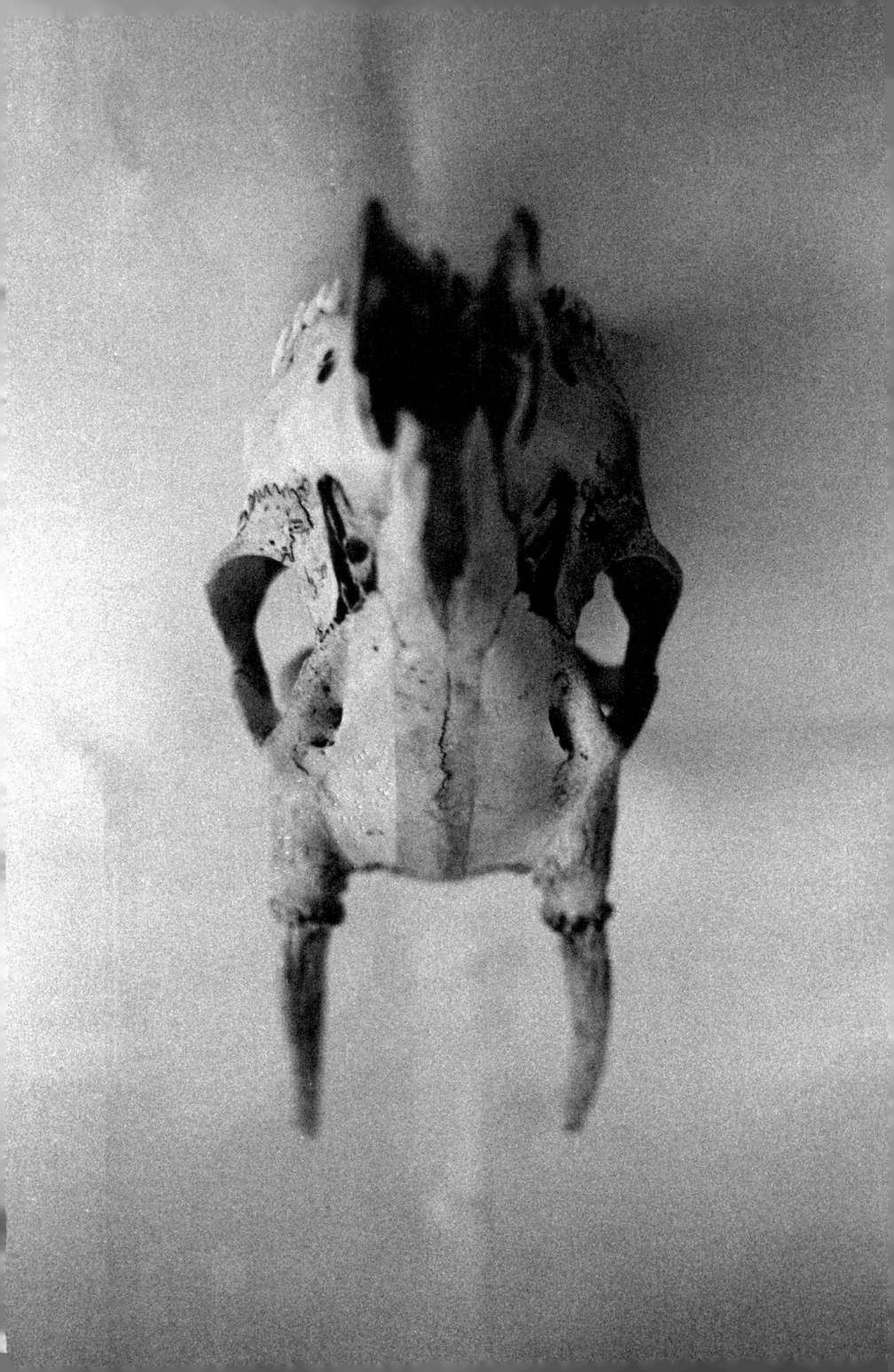